📖 주제

· 성장   · 책임   · 자유   · 변화

📖 활용 학년 및 교과 연계

초등 과정	1-2 국어	9. 그림일기를 써요
	2-1 통합	봄2 > 1. 알쏭달쏭 나
	3학년 도덕	2. 인내하며 최선을 다하는 생활
	4-2 사회	3. 사회 변화와 문화의 다양성
		4. 가족의 형태와 역할 변화
	5-1 국어	4. 글쓰기의 과정

키 재기 기린의 비밀

초등 첫 인문철학왕 07
키 재기 기린의 비밀

글쓴이 이성엽 | 그린이 김창희 | 해설 이영주
기획편집 이정희 | 편집 김민애 박주원
디자인 문지현 김수인 | 생각 실험 디자인 이유리

펴낸이 이경민 | 펴낸곳 ㈜동아엠앤비
출판등록 2014년 3월 28일(제25100-2014-000025호)
주소 (03972) 서울특별시 마포구 월드컵북로22길 21, 2층
전화 (편집) 02-392-6901 (마케팅) 02-392-6900 | 팩스 02-392-6902
홈페이지 www.moongchibooks.com | Ch 뭉치북스 Instagram 뭉치북스

※ 잘못된 책은 구입한 곳에서 바꿔 드립니다.
※ 이 책에 실린 사진은 셔터스톡, 위키피디아, 게티이미지뱅크(코리아)에서 제공받았습니다. 그 밖의 제공처는 별도 표기했습니다.

도서출판 뭉치는 ㈜동아엠앤비의 어린이 출판 브랜드로, 아이들의 지식을 단단하게 만들어 주고,
아이들의 창의력과 사고력을 키워 주어 우리 자녀들이 융합형 사고뭉치와 창의뭉치로
성장할 수 있도록 좋은 책을 만들겠습니다.

성장

한국 철학교육 학회 추천도서

글쓴이 **이성엽**　그린이 **김창희**　해설 **한국 철학교육연구원 이영주**

키 재기 기린의 비밀

키 크고 나이 들면 무조건 어른일까?

'질문'의 힘! '생각'의 힘!
'미래 인재'로 가는 힘!

어린이와 학부모님들께 《초등 첫 인문철학왕》을 추천할 수 있어서 매우 기쁩니다. 어린이들이 이 시리즈를 통해 '나'에 대해, 나와 공동체 사이의 소통에 대해, 세상의 이치와 진리에 대해 마음껏 질문하고 생각하기를 바라기 때문입니다. 그렇게 되면 창의적으로 문제를 해결하는 힘 또한 커질 수 있다고 믿기 때문이지요.

'제4차 산업혁명의 시대'라는 말처럼 우리는 모든 것이 혁신적으로 변화하는 시대에 살고 있습니다. 스마트폰, 인공 지능, 첨단 로봇 등 새로운 기술과 지식이 나오는 속도도 이전과 비교할 수 없을 정도로 빨라졌지요. 세상에 넘쳐나는 지식과 정보는 이제 누구나 쉽게 구할 수 있고, 개인의 두뇌에 담아낼 수 있는 용량을 넘어선 지 오래입니다. 결국 이 시대의 아이들에게 필요한 것은 지식보다는 그 지식을 다루는 지혜와 창의성 아닐까요?

7차 교육과정 개정 이후 학교 교육도 이러한 시대 흐름에 맞추어 미래 사회가 요구하는 인문학적 상상력과 과학기술 창조력을 두루 갖춘 창의융합형 인재를 양성하는 것을 목표로 합니다.

'철학'은 '지혜를 사랑하는'이란 뜻을 가진 말입니다. 이 학문은 여러분처럼 모든 것에 호기심 많았던 철학자들로부터 시작됩니다. 아주 오래전부터 인간, 사회, 자연, 우주, 진리 등 다양한 분야에서 다른 사람들보다 더 깊이, 더 많이, 그리고 아주 끈질기게 했던 수많은 질문과 탐구를 하며 만들어졌습니다.

마치 높은 곳에 올라가면 마을 전체를 내려다볼 수 있는 넓은 시야를 얻게 되듯이, 철학을 한다는 것은 하나의 문제를 더 큰 눈으로 볼 수 있게 되는 것이랍니다. 그러면 어떤 점이 좋을까요? 더 넓게 보는 눈, 더 깊이 있게 보는 눈, 다른 사람들이 생각하지 못한 부분들을 상상하고 찾아낼 수 있는 눈이 생깁니다. 또 우리 앞의 문제들을 자신만의 창의적인 방법으로 해결할 수도 있고, 그 문제를 해결하다가 다른 더 큰 문제를 발견하여 미리 처리할 수도 있습니다.

《초등 첫 인문철학왕》은 바로 그러한 생각의 눈을 아주 활짝 열어 줄 것입니다. 주제와 관련된 재미있는 동화, 이와 연결된 깊이 있는 인문 해설과 철학 특강, 창의·탐구 활동 등으로 구성된 시리즈는 아이들이 세상에 넘쳐 나는 지식을 지혜롭게 다루는 힘을 길러서, 문제해결력을 갖춘 창의적 인재로 성장할 수 있게 해 줄 것입니다.

그러니 이 책을 읽으며 여러 분야에서 떠오르는 호기심과 질문들을 혼자만 가지고 있지 말고 친구, 가족과도 나누어 보시길 바랍니다. 모두가 질문하고 생각하는 힘이 생긴다면, 어려운 문제들을 함께 해결해 나가는 공동체를 만들 수 있겠지요?

이 책을 읽는 여러분들 모두, 그런 멋진 공동체를 하나둘 만들어 나가는 지혜로운 미래 인재가 되기를 기대합니다.

이지애 드림
(이화여대 철학과 부교수, 한국 철학교육 학회 회장)

초등 첫 인문철학왕
이렇게 활용하세요!

생각 실험

생각 실험은 어떤 사실을 알기 위해 여러 가지 실험과 사례를 연구하는 것이에요. 철학이나 자연 과학 분야 등에서 널리 사용되는 방법이에요. 권마다 주제에 관련된 실험, 유명한 인물의 사례 등을 읽으며 상상력과 문제 해결력을 키워 보세요.

만화 & 동화

40권의 인문 철학 주제별로 아이들의 생활 세계 속 이야기, 패러디 동화 등이 다양하게 펼쳐져요. 처음과 중간은 만화, 본문은 그림 동화로 되어 있어서, 재미난 이야기에 푹 빠질 수 있어요.

인문철학왕되기

오랫동안 어린이들과 함께 철학 수업을 연구하고 진행해 온 한국 철학교육연구원 소속 교수와 연구진들이 집필했어요.

소쌤의 철학 특강, 인문 특강, 창의 특강으로 구성되었어요. 주제와 이야기 안에 숨겨진 철학적 문제들에 대해 함께 답을 찾아갈 수 있도록 깊이 있는 토론과 특강, 그리고 재미있는 활동으로 구성되었어요.

난 질문하는 **소크라테스**! 문제를 해결할 수 있도록 도와주지!

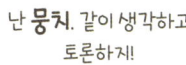

난 **뭉치**. 같이 생각하고 토론하지!

난 늘 창의적인 **새롬**이!

난 생각이 깊은 **지혜**!

교과 연계

각 권마다 최신 개정 교과서 단원과 연계되어 교과 학습에 도움이 되도록 구성되었어요. 권별로 확인하세요.

이 책의 차례

추천사 4

구성과 활용 6

생각 실험 작은 고추는 정말 매울까? 10

만화 채소 가게의 비밀 20

키 재기 기린 22

- **인문철학왕되기1** 키가 크면 어른일까?
- **소쌤의 인문 특강** 누가 진짜 어른일까?

냉장고 속으로 42

- **인문철학왕되기2** 어른이 좋을까, 어린이가 좋을까?
- **소쌤의 철학 특강** 양도 변하고 질도 변하고!

| 만화 | 키가 큰 게 무조건 좋을까? ········· **64**

난 어른이거든 ································ **70**
- 인문철학왕되기3   어른은 저절로 되는 걸까?
- 소쌤의 인문 특강   난 어린이가 좋아!

성장의 의미 ································ **88**
- 인문철학왕되기4   만일 나라면?
- 창의활동   행동으로 생각의 크기 알아보기

작은 고추는 정말 매울까?

키가 1m 조금 넘어서 '**키 작은 재상**'이라고 불린,
조선 시대의 학자 **이원익**.
키가 작은 것이 그가 큰 뜻을 펼치는 데 도움이 되었을까요,
안 되었을까요?

이원익은 어릴 때부터 공부를 열심히 했어요.
당시에 양반들은 『맹자』나 『논어』 같은
한문으로 된 유교 경전만을 읽었는데 비해,
이원익은 경전은 물론 중국어, 의약, 천문 분야의
책도 읽었어요. 이런 분야는 신분이 낮은
중인(상인이나 장인 즉 기술자)이나 배우던 것이어서
양반들은 탐탁하게 여기지 않았지요.

하지만 이런 공부는 이원익이 나랏일을 할 때에
큰 도움이 되었어요.
특히 **중국어 공부는 임진왜란 당시
중국 명나라 장수들과 친분을 쌓아
평양성을 탈환하는 데 큰 도움이 되었어요.**

평양성 탈환도 (출처: 국립 중앙 박물관)

이원익은 나랏일을 그만둔 후 다 쓰러져 가는 초가집에서 돗자리를 짜서 생계를 이을 정도로 청렴하게 살았다고 합니다.
백성들이나 관료들 모두 이원익의 풍부한 학식과 지식, 그리고 곧은 품성에 대해서 지극히 높은 찬사와 존경을 보였다고 해요.

이원익 영정(출처: 국립 중앙 박물관)

이원익은 이순신 장군이 원균에게 모함을 당했을 때
끝까지 이순신을 변호했어요.
또한 이원익은 이순신의 능력을 믿고
다시 전쟁에 나갈 수 있도록 도움을 주었답니다.

이원익은 선조, 광해군, 인조 세 임금 밑에서
무려 **다섯 차례나 영의정**을 지냈습니다.

키가 큰 사람들이 자기보다
한참 키 작은 이원익을
존경했던 이유가 무엇이었을까요?

여러분은 어떤 성장이
정말 중요한 성장이라고 생각하나요?

뭐니 뭐니 해도 성장은 키와 몸집이 큰 것이지!

무슨 소리? 성장은 배려하는 마음과 지혜가 쌓여 가는 거야.

키 재기 기린

"어! 분명히 사과 두 개를 냉장고에 넣어 두었는데 왜 하나밖에 없지? 어제도 당근이 없어졌던데, 이상하네."

며칠째 엄마는 냉장고 앞에서 고개를 갸웃거리며 연우를 쳐다봤어요. 하지만 연우는 곧 엄마의 의심에서 벗어날 수 있었죠. 과일이나 채소는 억지로 먹이기 전엔 절대 먹지 않는다는 걸 엄마도 알고 있기 때문이에요.

그렇다고 아빠가 범인인 것도 아니에요. 연우가 누굴 닮았겠어요. 아빠 역시 연우랑 똑같은 입맛을 가지고 있었죠. 엄마의 착각이거나 건망증이 심해진 게 틀림없었어요.

"얼른 아침 먹고 학교 가야지."

오늘 아침 메뉴는 카레예요. 사과와 당근이 듬뿍 들어간 맛난 카레랍니다. 게다가 초록색 완두콩이 들어간 밥은 보기만 해도 군침이 돌았죠. 물론 엄마의 생각이었지만 말이에요.

"아침 안 먹으면 안 돼?"

연우가 식탁을 둘러보더니 입을 비죽 내밀고 말했어요.

"엄마가 맛있게 차렸는데 이러기야?"

엄마도 순순히 물러날 생각이 없어 보였어요.

"난 카레 싫단 말이야. 그리고 저 콩, 다른 건 몰라도 저 콩은 절대 먹을 수 없어."

아침마다 식탁에서 다투기 싫었던 엄마는 밥에서 콩을 빼는 조건으로 연우를 달래 밥을 먹였어요. 억지로 반쯤 먹은 연우는 배가 아프다는 핑계를 대고 도망치듯 식탁을 벗어났어요.

방으로 돌아와 벽에 붙은 키 재기 기린에 등을 대고 키를 재 봤어요. 뒤돌아 손가락이 가리킨 눈금을 본 연우는 한숨이 나왔어요.

"왜 맨날 107이야?"

다시 한번 재 봤지만 변함없었어요. 연우는 벌써 몇 달째 키가 자라지 않고 107센티미터에 머물러 있었어요.

연우가 키에 집착하는 데는 이유가 있었죠. 지난번 현장 학습 때 놀이공원 롤러코스터 앞에 붙은 안내문 때문이에요.

'110센티미터 이하 어린이는 안전상의 이유로 롤러코스터를 이용할 수 없습니다.'

다른 친구들은 신나게 롤러코스터를 타고 있을 때 연우는 천천히 돌아가는 시시한 회전목마만 탈 수밖에 없었어요.

"와! 세상에서 그렇게 재미있는 건 처음인 거 같아."

"맞아. 난 다음에도 롤러코스터만 탈 거야."

민열이가 돌아오는 차 안에서 호들갑을 떨었어요. 다른 아이들도 롤러코스터 이야기를 하느라 정신이 없었지요.

"못 타 본 사람은 그 기분을 절대 알 수 없을걸?"

민열이가 힐끔 누군가를 쳐다봤어요. 롤러코스터를 타지 못한 건 연우 혼자뿐이었어요.

집에 돌아온 연우는 벽에 키 재기 기린을 붙여 놓고 매일매일 키를 쟀어요. 빨리 110센티미터가 되어서 롤러코스터를 탈 수 있게 되길 손꼽아 기다렸죠.

연우는 2학년 3반에서 두 번째로 키가 작아요. 연우보다 키가 작은 동은이가 있긴 했지만, 동은이는 몸이 아파 오랫동안 병원에 있었어요. 그래서 실제로 키가 가장 작은 사람은 연우였어요.

"오늘 자리 바꾸는 날이지?"

선생님은 한 달에 한 번 키 순서대로 자리를 바꿨어요. 하지만 연우 자리는 바뀔 이유가 없었어요. 선생님도 친구들도 제일 앞자리는 연우의 고정석이라고 생각하고 있었죠.

"넌 좋겠다. 맨 앞자리에 앉으면 공부도 잘될 텐데."

민열이가 다가와 히죽거리며 연우를 약 올렸어요. 같은 반 친구들이 깔깔거리며 웃어 댔어요. 연우는 화가 났지만 꾹 참았어요. 민열이는 반에서 키가 제일 크고 몸집도 커서 싸워도 도저히 이길 자신이 없었어요.

'나도 뒷자리에 앉아 보고 싶다.'

연우는 뒷자리에 앉은 친구들이 부럽기만 했어요. 선생님 몰래

장난도 칠 수 있고, 사물함도 가까이 있어 준비물도 쉽게 꺼낼 수 있으니까요. 하지만 뒷자리는 키가 커야만 앉을 수 있는 자리였어요.

그래도 연우가 위안 삼을 수 있었던 것은 병원에 입원한 동은이가 몸이 많이 좋아져 곧 학교에 올 수 있다는 소식이었어요. 연우는 유일하게 자기보다 키가 작은 동은이가 빨리 학교에 나오길 바랐어요.

오늘 수업 시간엔 사람 몸에 필요한 5대 영양소에 대해 배웠어요. 선생님은 5대 영양소가 들어 있는 음식들을 칠판 가득 적어 가며 알려 주었어요. 대부분 연우가 싫어하는 음식들이었어요.

'치, 저렇게 맛없는 것들이 5대 영양소라고?'

연우는 수업 내내 시큰둥한 표정이었어요. 어차피 먹지도 않을 음식들이라 알고 싶지도 않았어요. 그런데 연우의 눈이 번쩍 뜨이는 말을 선생님이 하지 뭐예요.

"5대 영양소를 잘 섭취하고 잠을 잘 자면 키가 쑥쑥 자란단다. 알겠지?"

"선생님, 정말 키가 커요?"

연우는 손을 높이 들고 믿어지지 않는 표정을 지었어요.

"그럼, 너희 같은 성장기 아이들에게 꼭 필요한 것들이지."

선생님의 말씀을 듣고 난 연우는 희망이 생겼어요.

집으로 온 연우는 현관에 들어서자마자 큰 소리로 엄마를 불러 댔어요.

"엄마, 엄마아!"

"연우야, 왜 그래? 무슨 일 생겼어?"

"나 빨리 5대 영양소 줘."

엄마는 뜬금없는 연우의 영양소 타령에 무슨 영문인지 몰라 어리둥절했어요.

"선생님이 5대 영양소 먹고 잠 많이 자면 키가 큰다고 그랬단 말이야. 빨리 줘."

"저런! 아침에 네가 먹다 만 카레나 드시지! 거기에 고기도 들었고 사과, 당근, 감자도 들었는데. 5대 영양소가 아니라 한 15대 영양소는 들었을 거 같다."

연우는 입을 삐죽거리며 자기 방으로 갔어요. 벽에 붙은 키 재기 기린이 눈을 동그랗게 뜨고 있었어요.

'나도 기린처럼 키가 커서 빨리 어른이 되고 싶다.'

기린을 보며 연우가 혼잣말했어요. 왠지 기린이 웃고 있는 것만 같았어요.

그날 저녁, 연우는 학교에서 배운 대로 5대 영양소를 먹기 위해 과일이며 채소며 평소 잘 안 먹던 것들을 억지로 먹었어요. 오랜만에 엄마의 잔소리가 없는 저녁 시간이었죠.

"우리 연우가 이렇게 잘 먹는 걸 보니 금방 키 크겠는걸. 이러다 아빠보다 더 키가 크는 거 아니냐?"

아빠랑 엄마는 웃었지만 연우는 웃지 않았어요. 밥을 많이 먹는다고 하루아침에 아빠만큼 키가 크는 일은 없을 테니까요.

"110센티미터 넘으면 놀이공원 데리고 가기로 한 거, 다들 잊지 않으셨죠?"

연우는 아빠가 깜박하기 전에 한 번 더 확인했어요. 아빠의 얼굴을 보니 확인을 하지 않았다면 큰일 날 뻔했다는 생각이 들었어요.

평소보다 일찍 잠자리에 든 연우는 새벽에 잠에서 깼어요. 저녁을 이것저것 많이 먹은 탓인지 배가 살살 아픈 것만 같았어요.

화장실에서 볼일을 본 연우가 거실을 지나 자기 방으로 가려고 할 때였어요.

주방에서 희미한 불빛이 새어 나오고 있었어요.

'냉장고 문을 꽉 안 닫은 모양이네.'

냉장고 문을 닫으러 주방에 간 연우는 그 자리에 얼어붙은 듯 꼼짝도 못하고 서 있었어요. 너무 놀라 엄마를 부르려 했지만 목소리도 나오지 않을 지경이었어요.
　냉장고 앞에 커다란 기린이 있었어요. 분명히 살아 있는 기린이 냉장고 문을 반쯤 열

고 채소 칸을 뒤지더니 사과 하나를 꺼내 입에 물었어요. 연우는 정신을 차리고 가만히 기린을 지켜봤어요. 놀라긴 했지만 무섭진 않았어요. 왠지 어디선가 본 듯한 기린이었어요.

기린은 긴 다리를 구부리고 조심스럽게 앉아 자기 입맛에 맞는 것들을 이것저것 꺼내 먹었어요. 한두 번 해 본 솜씨가 아니었어요. 삑삑거리며 냉장고 문이 열렸다는 신호음이 나자 문 옆에 있던 버튼을 머리로 꾹 눌렀다 떼기까지 했어요.

연우는 살금살금 다가가 기린의 엉덩이를 쿡 찔렀어요. 기린은 눈치를 못 챘는지 눈을 지그시 감고, 긴 목을 뒤로 돌리더니 짧은 뿔을 이용해 연우가 찌른 부위를 벅벅 긁었어요. 그러면서도 반쯤 먹은 사과를 입에 물고 콧노래를 중얼거리며 냉장고 이곳저곳을 뒤졌어요. 이젠 신호음이 나기도 전에 미리 버튼을 눌러 소리가 나지 않게 했어요.

연우는 좀 더 다가가 기린의 귀에 대고 아주 작은 소리로 속삭이듯 말을 건넸어요.

"너 누구야?"

갑자기 들려온 소리에 눈이 동그래진 기린은 달팽이가 기어가는 속도보다도 느리게, 천천히 아주 천천히 연우 쪽으로 고개를 돌렸어요. 최대한 시간을 끌어 이 위기를 어떻게 벗어날지 생각하고 있는 게 분명했어요.

연우와 눈이 마주친 기린은 입을 너무 크게 벌리는 바람에 물고 있던 사과를 떨어뜨렸어요. 바닥에 떨어진 사과가 식탁 밑으로 떼굴떼굴 굴러갔어요.

"너 누구냐니까?"

연우는 무서운 얼굴로 기린을 노려봤어요.

기린은 아무 말도 못 하고 눈물이 그렁그렁 들어찬 큰 눈으로 연우를 쳐다봤어요. 좀 더 불쌍하게 보이려는 듯 억지로 눈을 찔끔거려 눈물을 짜내기도 했어요.

"연우야! 나 누군지 모르겠어?"

기린은 울먹이는 목소리로 말했어요.

"너, 내 이름을 어떻게 알아?"

기린은 몸을 돌려 자기 등을 연우에게 보여 줬어요.

"**나 네 방에서 사는 키 재기 기린이야.** 이것 봐. 여기 지난번 네가 찍어 둔 점도 있잖아."

기린의 말대로 등 뒤에는 눈금이 그려져 있고, 107센티미터를 가리키는 눈금 옆에는 까만 점도 찍혀 있었어요.

"뭐라고? 네가 키 재기 기린이라고?"

연우는 그제야 낯익은 얼굴이 자기 방에서 늘 좌절감을 안겨 주던 키 재기 기린인 걸 알게 되었어요.

"네가 지금 왜 여기 있는 건데? 여기서 뭘 하는 거냐고?"

연우는 벽에 붙어 있어야 할 키 재기 기린이 진짜 기린이 되어 자기 앞에 있는 게 믿기지 않았어요.

"사실은 키 크려고 냉장고에서 먹을 걸 찾고 있었어."

키 재기 기린은 연우의 키가 110센티미터가 되면 쓸모가 없어져 버려질 거라고 생각했어요. 등에 새겨진 눈금이 110센티미터까지밖에 없었거든요. 버려질까 걱정이 됐던 키 재기 기린은 연우의 키가 자라는 만큼 자기도 키를 키우기로 했어요. 연우의 키가 아주 조금씩 자라고 있었기에 그에 맞춰 조금만 눈금을 속이면 아무도 모를 거라 생각했어요. 다행히 학교에서도 집에서도 연우가 조금씩 자라고 있는 걸 눈치채지 못했어요.

"그러니까 내 키가 자란 걸 지금까지 속이고 있었던 거야?"

키 재기 기린은 말없이 고개를 끄덕였어요. 나머지 한쪽에 남아 있던 눈물도 억지로 짜냈어요.

"안 되겠어. 내일 아침에 아빠한테 말해서 키를 다시 재야겠어.

난 롤러코스터를 꼭 타야 해."

연우는 지금까지 키 재기 기린에게 속은 게 분했어요.

"연우야, 제발. 대신 비밀로 해 주면 내가 네 소원을 하나 들어줄게."

"소원을 들어준다고? 정말이야?"

연우는 키 재기 기린의 제안에 솔깃했어요. 가만히 생각해 보니 괜찮은 조건이었어요. 당장 아빠에게 말한다고 해도 이런저런 핑계를 대며 놀이공원에 가지 않으려 시간을 끌 게 뻔했거든요. 롤러코스터는 돈을 주고 타라고 해도 못 타겠다며 겁을 내는 연우 아빠였으니까요.

"좋아, 마음 착한 내가 비밀로 해 주지. 대신 소원은 꼭 들어줘야 해."

손을 모으고 연우의 대답을 기다리던 키 재기 기린은 그제야 안도의 한숨을 내쉬었어요.

"넌 소원이 뭔데."

갑자기 키 재기 기린이 소원을 묻자 연우의 머릿속이 복잡해지기 시작했어요. 무슨 소원을 빌어야 할지 고민이 되었어요.

'롤러코스터를 실컷 타게 해 달라고 할까? 새로 나온 장난감?

아냐, 한 가지만 들어준다고 했어.'

한참을 고민하던 연우는 좋은 생각이 떠올랐어요.

"나 결정했어. 어른이 되게 해 줘. 어른이 되어서 먹고 싶은 것도 마음대로 먹고, 잠도 늦게 자고, 하고 싶은 것도 실컷 할 거야."

연우는 벌써 어른이 된 것처럼 팔짱을 끼고 턱을 치켜들었어요. 자기가 생각해도 정말 멋진 소원인 것 같았거든요.

"한 번뿐인 기회인데 그걸 어른이 되는 데 쓴다고? 시간이 지나면 저절로 어른이 되는 거 아냐?"

키 재기 기린은 연우를 보며 안타까운 표정을 지었어요.

"난 이미 정했어. 빨리 어른이 되게 해 줘."

연우는 키 재기 기린에게 단호하게 말했어요. 키 재기 기린도 어쩔 수 없다는 듯 연우의 소원을 들어주기로 했어요.

키가 크면 어른일까?

난 동생보다 크지만 엄마보다 작아요.
그럼 큰 걸까요, 작은 걸까요?

 얘들아, 키만 크면 모두 어른일까?

 당연하죠. 어른들은 다 키가 커요!

 키 작은 어른도 있어.

 어른은 이미 커 버린 사람이야. 키가 작든 크든 더 이상 크지 않는 사람이지.

 키가 큰 사람이 어른이 아니라면, 어른은 어떤 사람일까?

 우리 삼촌은 23세인데 지금도 키가 큰다고 하던데?

그렇다면 어른이라고 할 수 있는 다른 기준이 있다는 거네. 그게 무엇일까?

소쌤의 인문 특강

누가 진짜 어른일까?

키가 크든, 덩치가 크든, 뭔가 큰 사람이 어른이라고 하면 더 헷갈리지 않니? 큰 사람들은 다 어른이란 뜻인데 말이지. 어떤 사람을 진짜 어른이라고 할 수 있을까?

어른, 성인은 자기 일에 대해 독립적으로 판단하고 행동할 수 있는 사람이라고 할 수 있단다. 그런데 어른, 성인의 나이가 몇 살인지 제각각 생각한다면 문제가 생길 거야. 그래서 기준점을 잡아서 기준 나이 그 이상이면 어른, 성인이라고 말을 한단다.

우리나라는 법적으로 스스로의 판단에 의해 선택을 하고 책임질 수 있는 나이를 만 18세로 정해 놓았어. 만 18세가 되면 투표를 하고, 결혼을 할 수 있지.

법적 어른 말고, 사회적인 어른도 있어. 사회적 어른은 도덕적으로 훌륭하여 여러 사람들에게 신뢰를 받는단다. 지혜가 깊어서 하는 행동과 성품이 훌륭한 사람을 말하지.

냉장고 속으로

"연우야, 나를 꼭 잡아. 소원을 이루어 줄 곳으로 널 데려갈 거야."

"어디로 가는 건데?"

연우는 가슴이 콩닥콩닥 뛰었어요.

"가 보면 알아."

연우는 약간 걱정이 되긴 했지만, 키 재기 기린을 잡고 있으니 마음이 놓였어요. 오랫동안 같은 방에 있었기 때문이었는지 키 재기 기린이 친구처럼 느껴졌어요.

키 재기 기린은 냉장고 문에 달린 버튼을 마치 암호를 전송하듯 여러 번 눌렀어요. 어떻게 눌렀는지는 비밀이에요. 분명히 말하지만, 여러분 집에 있는 냉장고 버튼을 아무리 눌러도 소용없어요.

버튼을 누르는 방법은 오직 키 재기 기린만 알고 있으니까요.

  몇 번을 같은 방법으로 버튼을 누르자, 연우의 눈앞에 믿지 못할 일이 일어났어요. 냉장고 위에서 하얀 냉기가 쏟아지더니 마치 안개 속에 들어온 것처럼 앞이 보이지 않았어요. 냉장고에서 삐삐거리며 신호음이 들리고 불빛이 깜박이더니, 키 재기 기린과 연우는 롤러코스터를 탄 것처럼 냉장고 속으로 빨려 들어갔어요. 머리카락이 위로 솟으며 떨어지다가 빙글빙글 돌기도 했어요. 연우는 자기도 모르게 소리를 질렀어요.

  "와! 너무 재밌어."

한참을 냉장고 속을 헤엄치듯 여행한 키 재기 기린과 연우는 다시 냉장고 문이 벌컥 열리며 내뱉어지듯 밖으로 떨어졌어요.

"여긴 어디야?"

연우가 키 재기 기린을 쳐다보며 물었어요. 키 재기 기린은 대답 대신 눈앞에 펼쳐진 초원으로 고개를 돌렸어요.

넓은 초원엔 수많은 동물이 뛰어놀고 있었어요. 누 떼들은 얼룩말들과 뒤섞여 풀밭을 헤치며 풀을 뜯고, 갓 태어난 것 같은 새끼 사슴은 멋진 뿔이 달린 엄마 사슴을 졸졸 따라다녔어요. 겁이 많은 미어캣은 굴속에서 나와 주위를 두리번거리며 경계를 하고 있었어요.

연우는 이곳이 텔레비전에서 봤던 아프리카의 초원이란 걸 단번에 알아챘어요.

멀리서 나뭇잎을 뜯어 먹고 있던 한 무리의 기린 떼가 키 재기 기린을 보고는 긴 다리를 껑충거리며 반갑게 뛰어왔어요.

"오래간만이야. 그동안 잘 지냈어?"

달려온 기린 떼들이 키 재기 기린을 보고 반가워했어요.

"넌 하늘에 닿을 만큼 키가 컸구나."

키 재기 기린은 앞에 서 있는 암컷 기린을 올려다보며 인사를 나눴어요.

"난 그사이 엄마가 되었어."

"네가 벌써 엄마가 되었다고?"

키 재기 기린은 놀란 표정을 지었어요. 친구가 어느새 엄마가 되었다는 게 신기하기만 했어요. 엄마 기린은 새끼 기린을 가리키며 수줍게 웃었어요.

새끼 기린이 높이 매달린 나뭇잎을 따려고 목을 내밀고 있었어요. 키 재기 기린은 엄마 기린이 조금 부러웠어요. 자기도 키 재기 기린이 되지 않고 초원에서 지냈다면 지금쯤 멋진 아빠 기린이 될 수도 있었을 거라는 생각이 들었어요.

어른이 되어 새끼를 낳고 무리를 이루어 책임을 다해야 하는 것이 싫었던 기린들은 키 재기 기린이 될 수 있었어요. 키 재기 기린이 되면 낮엔 벽에 붙어서 키를 재야 했지만, 밤이면 자유로운 기린이 될 수 있었어요.

이런 이유로 키 재기 기린도 초원을 벗어난 것이지만, 가끔은 어른이 되어 보고 싶기도 했죠.

"앗, 위험해."

이야기를 나누던 암컷 기린이 나뭇잎을 뜯고 있는 새끼 기린에게 재빨리 달려갔어요. 그러더니 뒷발질을 마구 해댔어요. 흙먼지가 사방으로 날렸어요.

연우는 깜짝 놀라 키 재기 기린에게 이유를 물어봤어요.

"저 기린은 왜 저러는 거야?"

"저 뒤를 봐."

키 재기 기린이 흙먼지가 날리는 곳에 있는 풀숲을 가리켰어요. 그곳엔 사자가 납작 엎드려 새끼 기린을 호시탐탐 노리고 있었어요.

"어른이 되는 건 귀찮아. 늘 새끼를 돌봐야 하고, 해야 할 일도 많고……."

키 재기 기린은 연우에게 평화로워 보였던 초원의 숨은 모습을 하나하나 보여 줬어요. 엄마 기린은 새끼 기린을 지키느라 먹이도 제대로 먹지 못한 채 사자를 경계하고 있었어요.

 풀숲에 납작 엎드린 사자는 사흘째 물 한 모금 먹지 못하고 사냥을 하기 위해 저러고 있다고 했어요.

 "물 마실 시간도 없는 거야?"

 "새끼 사자들이 굶고 있잖아. 새끼 사자들을 먹이기 위해선 저 정도 수고는 감수해야 해."

 그뿐만이 아니었어요. 동굴 앞 미어캣은 종일 내리쬐는 뙤약볕 아래서 땀을 뻘뻘 흘리며 새끼들을 지키느라 보초를 서고 있었죠. 평화롭고 여유롭게만 보였던 초원은 무척이나 바빠 보였어요.

 키 재기 기린은 연우에게 사람이나 동물이나 어른들은 아이들을 먹이고, 입히고, 보살피기 위해 한시도 쉬지 않는다고 이야기해 줬어요.

 연우는 아침 일찍 일어나 식사 준비를 하던 엄마와 매일 바쁜 아빠가 잠깐 떠올랐지만, 곧바로 고개를 절레절레 흔들었어요.

 "에이, 어른들은 원래 그렇잖아. 억울하면 나처럼 어린이 하면 되지."

연우는 자기랑 상관없다는 듯 시큰둥하게 말했어요.

"넌 그래도 어른이 되고 싶어? 어른이 되면 저렇게 많이 힘들지도 모르는데?"

키 재기 기린은 지금이라도 연우가 소원을 취소해 주길 바라는 눈치였어요.

"어른이 뭐가 힘들어. 힘도 세고 원하는 건 뭐든지 할 수도 있는데. **난 빨리 어른이 돼서 내 맘대로 할 거야.**"

연우의 생각은 여전히 변함없었어요.

"그래, 그럼 어쩔 수 없지 뭐. 약속은 약속이니까."

키 재기 기린은 풀을 뜯고 있는 얼룩말에게 다가가 키 크는 열매가 어디에 열리는지 물어봤어요.

얼룩말은 풀이 자라는 곳을 찾아 먼 거리를 이동해야 했어요. 갓 태어난 새끼 얼룩말들이 밤낮을 걸어 먼 거리를 가는

것은 여간 힘든 일이 아니었죠. 그래서 풀이 많이 있어 이동을 덜 할 수 있는 곳을 찾아 헤매다 보니, 키 크는 열매와 풀이 많은 곳을 잘 알고 있었어요.

한참을 얼룩말과 얘기를 나누던 키 재기 기린이 연우에게 달려왔어요. 얼굴을 보니 키 크는 열매가 어디에 있는지 알아낸 것이 분명했어요.

연우와 키 재기 기린은 얼룩말이 알려 준 악어 연못을 찾아갔어요. 악어 연못은 초원을 지나 숲이 우거진 곳에 있었어요.

"좀 쉬었다 가면 안 돼?"

잠시 걸었을 뿐인데 연우는 다리가 아프다고 칭얼거렸어요.

"이 정도 걷고 나서 힘들어하면 어떡해?"

키 재기 기린이 한심한 표정으로 쳐다봤어요.

"이 정도라니? 이렇게 먼 거리는 엄마가 업어 주거나 아빠 차를 타고 가야 한다고."

연우는 자기를 나무라는 키 재기 기린이 야속했어요. 연우가 힘들어하면 항상 엄마가 등을 내밀어 업어 줬거든요.

"업어 줘."

연우는 키 재기 기린에게 무작정 떼를 썼어요.

"뭐라고?"

 키 재기 기린은 기가 찼지만 어쩔 수 없었어요. 심통이 난 연우가 꼼짝도 하지 않고 자리에서 움직이지 않았거든요. 게다가 노을이 붉게 물들며 해가 뉘엿뉘엿 기울고 있었어요. 배고픈 사자들이 기린을 노리기 딱 좋은 시간이었죠. 키 재기 기린은 등 뒤에 연우가 찍어 놓은 점 말고도 사자 이빨 자국까지 새기고 싶진 않았어요.

"히히히."

 기린이 등에 태워 주자 기분이 좋아진 연우는 빠진 앞니가 드러나도록 환하게 웃었어요.

수풀을 헤치고 숲으로 들어가자, 가운데 커다란 나무가 자라고 있는 동그란 연못이 보였어요.

"저긴가 봐. 저 열매를 먹으면 어른이 되는 건가 봐."

키 재기 기린이 연우를 내려놓으며 이마에서 땀을 털었어요.

"어? 저기 달린 건 사과 아냐?"

자세히 보니 탐스러운 사과가 주렁주렁 달려 있었어요. 키 재기 기린은 군침을 흘렸지만, 연우는 시큰둥했어요. 사과는 연우가 싫어하는 음식 목록에 들어 있는 것이니까요.

그래도 콩이 아닌 게 어디에요. 어른이 될 수만 있다면, 저 정도 사과는 눈 감고 먹을 수 있을 것 같았어요.

연우와 키 재기 기린은 연못 가운데 있는 열매를 따려고 좁은 길을 따라 다가갔어요.

"잠깐."

갑자기 누군가 부르는 소리가 들려왔어요. 깜짝 놀란 둘은 두리번거리며 주변을 살폈어요. 아무도 보이지 않았죠.

그때 갑자기 연못 아래에서 악어 한 마리가 뛰어 올라왔어요. 악어는 마치 연우와 키 재기 기린을 잡아먹기라도 할

듯 큰 입을 쩍 벌리고 길 가운데에 자리를 잡고 앉았어요.

"여긴 뭣 하러 온 거냐?"

둘을 노려보는 악어의 눈빛이 빨갛게 빛났어요.

"악어님, 여기 이 아이에게 저 열매가 필요해서 왔어요."

키 재기 기린은 고개를 숙이며 최대한 공손하게 말했어요. 악어의 심기를 건드릴 필요는 없었거든요.

"네가 저 열매가 필요하다고?"

악어가 연우에게 입을 쩍쩍 벌려 가며 말했어요.

"네가 얼룩말처럼 먼 길을 가야 하는 것도 아니고 저 열매가 왜 필요한 거야? 열매는 꼭 필요한 사람에게만 줄 수 있어."

뭐라고 대답해야 하나 곰곰이 생각하던 연우는 꾀를 내었어요. 어른이 되어 롤러코스터를 마음껏 타고 싶다고 말했다가는 열매를 얻지 못할 게 뻔했으니까요.

"빨리 어른이 돼서 악어님처럼 멋진 이빨을 가지고 싶어요. 전 이렇게 이가 빠져서 마음대로 먹을 수도 없다고요."

연우가 빠진 앞니를 보여 주며 부러운 표정을 지었어요. 악어는 연우의 말을 듣더니 자기 이빨을 뽐내려는 듯 입을

더 크게 벌렸어요.

"내 이빨이 탐나긴 하지."

"저도 어른이 되면 악어님같이 멋진 이빨을 가질 수 있겠죠?"

연우는 일부러 악어를 더욱 부추겼어요. 연우의 칭찬에 기분이 좋아진 악어는 어른이 되는 열매를 알려 주었어요.

"어른이 되는 건 어렵지 않아. 저기 달린 사과와 나무 밑에 자라고 있는 콩을 먹으면 언제든 어른이 될 수 있지."

"네? 콩이라고요?"

악어가 말한 사과나무 밑을 내려다보니 콩이 주렁주렁 달려 있었어요. 연우의 표정이 일그러졌어요. 다른 건 몰라도 콩은 정말 먹을 자신이 없었어요.

"사과는 키를 자라게 하고 콩은 마음을 자라게 할 거야. 하지만 이곳에선 네가 먹고 싶은 것만 먹으면 돼."

"그럼 콩은 안 먹어도 괜찮아요?"

악어의 말을 듣고 난 연우는 안심이 되었어요. 싫어하는 콩을 먹지 않아도 되었기 때문이에요.

"그건 네 맘이야. 하지만 콩을 먹지 않으면 마음이 자라지 않을 거야. 그래도 괜찮겠니?"

악어는 연우를 근심 어린 눈으로 쳐다봤어요.

"괜찮아요. 키만 자라면 무슨 일이든 할 수 있는 훌륭한 어른이 될 수 있어요."

악어에게 사과와 콩을 받아 든 연우는 그 자리에서 사과 하나를 깨물어 먹었어요. 어른이 된다고 생각하니 맛없던 사과가 달콤하게 느껴졌어요.

"자, 이걸 가져가."

악어가 풀잎을 엮어 만든 주머니 하나를 연우에게 건넸어요.

"혹시라도 어른이 된 것이 후회가 들 때 이걸 열어 봐."

연우는 후회될 일이 없을 거라 생각했지만 악어가 준 것이니 받아서 바지 주머니에 넣었어요.

"집으로 돌아가자. 집에 가면 어른이 되어 있을 거야."

키 재기 기린은 연우를 데리고 냉장고를 통해 집으로 돌아왔어요.

집으로 돌아온 연우와 키 재기 기린은 너무 피곤해 어떻게 잠들었는지도 모르게 곯아떨어졌어요.

인문철학 왕 되기

어른이 좋을까, 어린이가 좋을까?

어른이 아이보다 더 많은 자유를 누리지만 그만큼 책임을 더 많이 지게 되지 않나요?

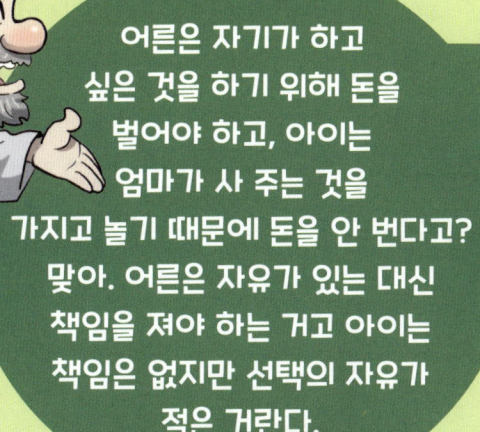

양도 변하고 질도 변하고!

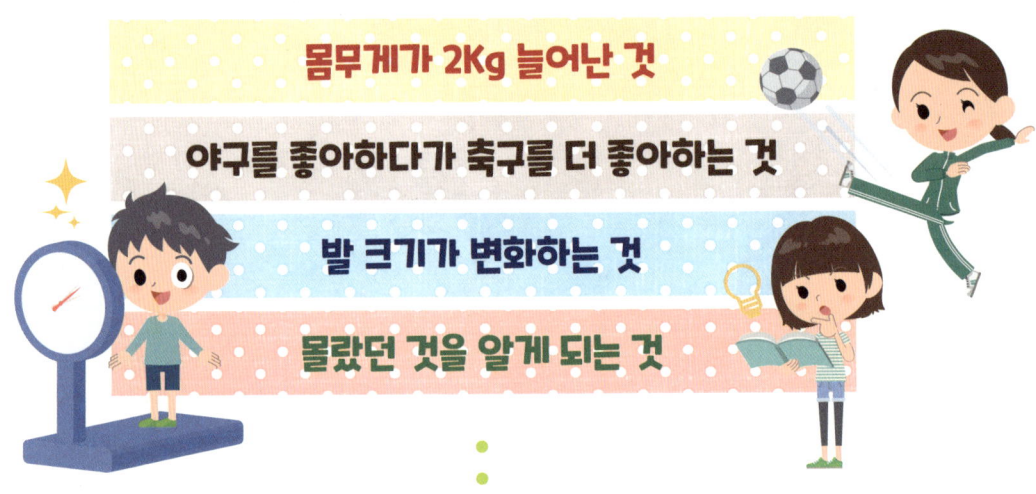

- 몸무게가 2Kg 늘어난 것
- 야구를 좋아하다가 축구를 더 좋아하는 것
- 발 크기가 변화하는 것
- 몰랐던 것을 알게 되는 것

이런 것들을 '변화'라고 말한단다.

연우는 키가 크면 좋겠다고 했지? 그건 키의 변화를 원하는 거란다. 엄마가 다이어트하느라 매일 걷기 운동하고 닭가슴살만 먹는 것도 몸무게의 변화를 원하는 것이지. 3cm를 키우는 것, 60kg에서 55kg으로 무게를 줄이는 것을 **'양'의 변화**라고 한단다. 자전거 타는 속도, 학원 시간이 줄고 느는 것도 양의 변화에 속하지. 그러니까 양은 늘어나거나 줄어드는 것이란다.

그런가 하면 슬라임을 좋아했다가 포켓몬 카드를 좋아하게 되는 것, 책을 더듬더듬 읽다가 어느 날 잘 틀리지 않고 읽게 되는 것, 게임을 좋아했는데 이제 시시해지는 것.
이런 것들을 **'질'의 변화**라고 한단다.
질적 변화는 크기의 문제가 아니라 지금까지와는 전혀 다른 새로운 상태로 바뀌는 것을 말해. 책을 읽기 전의 나와 책을 읽고 난 후의 나는 겉으로는 똑같은 키, 몸무게, 부피를 가지지만 책을 읽으면서 가진 생각, 마음은 변했을 수 있지.

게오르크 빌헬름 프리드리히 헤겔
(1770~1831)
헤겔 초상화. 야콥 슐레징어 작품(1831)

독일의 철학자 헤겔은 어떤 것이 다른 어떤 것으로 변화하는 것에 대해 설명하면서 양과 질의 관계에 대해 이야기했어. 예를 들면 물을 끓인다고 했을 때 물은 바로 수증기로 변화하는 것이 아니야. 100℃까지 올라가야 김이 모락모락 나는 수증기가 되어 하늘로 올라가지. 이처럼 물이 오랜 시간 끓어 수증기 형태로 변하는 것을 변화라고 해. 좀 어렵지만 헤겔은 이것을 '이행'이라고 불렀단다.

난 어른이거든

"엄마, 엄마."

잠에서 깬 연우가 엄마를 큰 소리로 불렀지만, 어찌 된 일인지 아무 대답도 들리지 않았어요.

'배고픈데 어디 간 거야.'

연우는 엄마를 찾아 집 안 곳곳을 살펴봤지만, 어디에도

엄마는 보이지 않았어요. 거실 소파에 앉아 엄마가 오길 기다리던 연우는 얼핏 꺼진 텔레비전 화면에 비친 자기 모습을 봤어요.

'어! 저게 누구지?'

거울 앞으로 달려가 자기 모습을 비춰 본 연우는 깜짝 놀랐어요. 거울 속엔 연우가 아닌 어른 한 명이 서 있었어요. 팔을 들어 보고 얼굴을 만져 봤지만 연우와 똑같이 움직였어요. 키 재기 기

린의 말대로 소원이 이루어진 것이 틀림없었어요. 책상 위에 놓여 있는 콩과 악어가 준 주머니를 보고선 지난밤 키 재기 기린과 떠난 초원으로의 여행이 꿈이 아니란 걸 깨달았어요.

연우는 키도 크고 아빠처럼 꺼뭇꺼뭇 수염도 나 있는 어른이 되어 있었어요.

"정말 내가 어른이 된 거야?"

연우는 믿어지지 않아 몇 번이고 거울을 보고 확인했어요. 이제부터 마음대로 하고 싶은 일을 할 수 있다는 생각에 하늘을 날 듯 기뻤어요.

연우는 무엇을 먼저 해야 할지 생각했어요. 역시나 제일 먼저 하고 싶었던 것은 롤러코스터를 실컷 타는 것이었어요.

연우는 아빠가 입던 옷으로 갈아입었어요. 아빠 넥타이까지 매고 나니 더욱 늠름하고 믿음직스러워 보였죠.

"롤러코스터를 실컷 탈 거야."

연우는 기뻐서 큰 소리를 질렀어요. 그때 벽에 붙어 있던 키 재기 기린과 눈이 마주쳤어요. 연우를 보고 웃고 있는 것만 같았죠.

"이제 이런 키 재기 기린은 쓸모없잖아. 애도 아니고……."

연우는 벽에 붙은 키 재기 기린뿐 아니라 방 안에 쌓여 있던 장

난감을 상자에 담아 쓰레기장에 내놓았어요.

"자, 이제 출발이야."

연우는 지하철역으로 가기 위해 집 앞에서 버스를 탔어요.

"저기, 손님. 버스 요금 내셔야죠."

버스 기사가 요금을 내지 않고 올라탄 연우를 보며 고개를 갸우뚱했어요.

"요금이요? 그런 거 없는데……."

연우는 한 번도 버스 요금을 내 본 적이 없었어요. 버스를 탈 때면 늘 엄마가 요금을 냈으니까요.

"요금이 없으면 버스를 타지 말아야지. 얼른 내려요."

화가 난 버스 기사가 연우를 버스에서 내쫓았어요. 당황한 연우는 어찌해야 할지 몰랐어요. 버스는 마음대로 타는 게 아니라 요금을 내야 한다는 걸 깜박했었나 봐요.

한참을 고민하던 연우는 집으로 달려가 돼지 저금통을 깨트렸어요. 책상 위에 동전들이 흐트러졌어요. 연우는 가방에 동전들을 한꺼번에 쓸어 넣었어요. 가방을 짊어진 연우는 씨익 웃으며 다시 집을 나섰어요. 묵직한 가방에 동전이 많아서 부자가 된 듯 기분이 좋았어요.

다시 버스를 타고 지하철역에 내린 연우는 어리둥절했어요. 분명 지하철을 타고 놀이공원에 갔던 건 기억이 났지만 어디서 타야 하는지, 어디서 내려야 하는지 도무지 알 수가 없었어요.

'어른들은 저렇게 복잡한 걸 어떻게 보는 거야?'

열심히 지하철 노선도를 살펴봤지만, 거미줄같이 뒤엉켜 있어 어디가 어디인지 구분이 되지 않았어요. 주위 사람에게 놀이공원까지 가는 법을 물어보려다가 다 큰 어른이 길을 모르면 창피할 거란 생각이 들었어요.

'어디로 가야 하는 거지?'

한참 길을 헤매던 연우의 눈앞에 지하철역 안내소라는 간판이 나타났어요. 망설이던 연우는 안내소 문을 벌컥 열었어요.

"어서 오세요."

"놀이공원 데려다줘요."

직원이 인사를 하기 무섭게 연우는 자기 용건을 먼저 이야기했어요. 한시라도 빨리 놀이공원에 가고 싶었거든요. 안내소 직원이 연우를 이상한 눈으로 쳐다봤어요.

"놀이공원 가고 싶어요. 빨리빨리."

"네, 손님. 여기서 지하철 타고 다섯 정거장 가면 대공원 역이 나와요. 거기로 가시면 돼요."

안내소 직원의 말이 끝나자마자 연우는 인사도 없이 지하철을 타러 뛰어갔어요.

"저렇게 무례한 사람이 있나."

안내소 직원이 고개를 절레절레 흔들었어요.

어렵게 지하철을 탄 연우는 사람들을 밀치고 노약자석으로 갔어요. 세 명이 앉을 수 있는 자리에 할머니 두 분만 앉아 있고 한 자리는 비어 있었어요. 연우는 잽싸게 달려가 빈자리에 털썩 앉았어요. 당연히 자기도 보호받아야 할 노약자라고 생각했어요.

몸은 자라 어른이 되었지만, 연우는 여전히 어린이였으니까요.

지팡이를 짚은 할아버지가 허리를 두드리며 연우 앞에서 헛기침했지만, 연우는 정거장 수를 세느라 아랑곳하지 않았어요.

"이보게, 자넨 한글도 못 읽나?"

할아버지가 지팡이를 들어 노약자석이라고 쓰인 글씨를 가리켰어요.

"읽을 줄 알아요. 노, 약, 자, 석."

"그럼 노약자석을 왜 자네가 떡 차지하고 앉아 있는 건가?"

"저도 노약자예요."

연우는 자신을 나무라는 할아버지가 이해되지 않았어요.

대공원 역에 도착한 연우는 사람들의 시선을 뒤로하고 얼른 내렸어요. 아무리 생각해도 자기가 무엇을 잘못한 것인지 알 수 없었어요.

놀이공원에 도착한 연우는 매표소에서 입장권을 끊어야 했어요. 어른 요금을 내야 하는 것이 아깝긴 했지만 어쩔 수 없었죠. 가방에서 동전을 꺼내 하나하나 세어 가며 요금을 냈어요.

"거 빨리 좀 합시다. 뒤에 기다리는 거 안 보여요?"

시간이 오래 걸리자 사람들이 연우를 쳐다보며 웅성거렸어요. 당황한 연우는 동전을 세다가 쌓아 놓은 동전을 바닥에 떨어뜨렸어요. 동전이 사방으로 굴러가자 기다리던 사람들은 화를 내며 다른 줄로 자리를 옮겼어요.

겨우 입장권을 산 연우는 솜사탕을 세 번이나 사 먹고 난 후에야 롤러코스터 앞으로 갔어요. 아이들이 길게 줄을 서서 키를 재고 있는 걸 보니 웃음이 나왔어요.

연우는 키를 재고 있는 아이들을 앞질러 맨 앞자리로 당당히 가서 섰어요. 아이들이 연우를 빤히 쳐다보았어요.

"왜 부러우냐?"

연우는 아이들을 보며 우쭐거렸어요.

"아저씨, 줄 서야죠."

한 아이가 연우에게 따졌어요.

"무슨 소리야? 내가 먼저 왔으니 먼저 타는 게 당연하지."

"우린 줄 서서 키를 재고 있었잖아요."

아이는 억울한 표정을 지었어요.

"어린 녀석이 어른한테 이래라저래라야. 네 키가 작아서 키를 재느라 늦게 선 거잖아. 억울하면 너도 키가 크든가."

연우가 호통을 치자 아이는 입을 씰룩거리며 뒤로 물러났어요. 연우는 맨 앞자리에 서게 된 것이 신이 났어요. 이게 다 어른이 되었기 때문이에요.

롤러코스터는 정말 재미있었어요. 이렇게 재미있는 걸 이제야 타게 된 것이 억울할 지경이었죠.

더 재미있는 것이 없을까 둘러보던 연우는 아이들이 소리를 지르며 모여 있는 것을 발견했어요. 놀이공원에서 아이들에게 동물 인형 풍선을 나눠 주고 있었어요. 연우도 풍선을 받기 위해 줄을 섰어요.

드디어 연우의 차례가 되었어요.

"전 저기 펭귄 풍선 주세요."

연우는 제일 좋아하는 펭귄 캐릭터 풍선을 가리켰어요.

"죄송합니다. 이 풍선은 어린이들에게만 나눠 주고 있어요."

"뭐라고요? 나도 저거 갖고 싶다고요. 저거 받으려고 줄 서 있었단 말이에요."

연우는 풍선을 달라고 떼를 썼어요. 하지만 아이들에게만 주는 풍선을 어른이 된 연우에게 줄 리가 없었죠.

연우는 바닥에 누워서 풍선을 달라며 울음을 터뜨렸어요.

"내놔, 내놓으라고! 펭귄 풍선 갖고 싶단 말이야."

사람들은 수군거리며 연우를 구경만 할 뿐 아무도 연우를 달래 주지 않았어요.

"뭐 이런 사람이 다 있어?"

계속해서 연우가 생떼를 부리자 놀이공원 직원이 연우의 손에 펭귄 풍선을 쥐여 줬어요.

역시나 연우의 작전이 성공했어요. 이렇게 떼를 쓰면 안 될 것이 없었거든요. 풍선을 받아 든 연우가 벌떡 일어나 헤헤거리자, 주위에 있던 사람들이 인상을 찌푸렸어요.

"치, 저 아저씨는 아까 롤러코스터 탈 때도 새치기하더니 여기서도 저러네. 어른답지 못하게."

롤러코스터에서 자리를 빼앗겼던 아이가 연우를 빤히 바라보며 말했어요.

"뭐라고? 내가 어른답지 못하다고?"

"네, 아저씨가 지금 어른답지 못하게 행동하잖아요."

"내가 이렇게 키도 크고 덩치도 큰데 뭐가 어른답지 못하다는 거야?"

연우는 아이를 향해 소리를 꽥 질렀어요.

"아니, 왜 우리 애한테 소리를 지르고 그래요?"

옆에 있던 아이의 엄마가 나서서 연우에게 따졌어요.

"아니, 그게 아니고……."

"저 사람 이상한 사람인가 봐. 그냥 우리가 피합시다."

주위에 있던 사람들이 연우를 피해 다른 곳으로 가 버렸어요. 하지만 연우는 괜찮았어요. 펭귄 풍선이 손에 있었으니까요. 그렇지만 아이가 말했던 어른답지 못하다는 말이 자꾸 신경 쓰였어요.

'내가 어른답지 못하다고?'

연우는 어른답게 보이기 위해 카페로 들어갔어요. 그리고 어른처럼 커피를 시켜 마셔 보았지요.

"윽, 퉤퉤! 이렇게 쓴 걸 왜 마시는 거야?"

어른들은 왜 달콤한 솜사탕 대신 이런 걸 먹는지 이해가 되지 않았어요. 하지만 연우는 다른 어른이 하는 것처럼 맛있는 척을 하며 억지로 커피를 마셨답니다.

어른은 저절로 되는 걸까?

시간이 가면 저절로
키가 커지고 몸집도 커져요.
그럼 어른도 저절로
되는 걸까요?

생각이 자란 사람? 생각이 자랐는지 자라지 않았는지 어떻게 알 수 있어요? 생각은 안 보이는데…….

악어가 사과와 콩, 두 가지를 준 것은 깊은 뜻이 있는 것 같구나. 어른이란 키만 자란 사람이 아니라 마음(생각)도 자란 '성숙한 사람'이라는 뜻으로 이해할 수 있겠네.

안 보인다고 없다고 할 수는 없어. 공기도 안 보이지만 없다고 할 수 없듯이.

그렇지만 볼 수 있어야 '이 사람이 어른이구나.'를 알 수 있잖아요.

아, 헷갈려. 눈에 보여야 크지 작은지 비교를 하지!

소쌤의 TIP

나이만큼(몸이 큰 만큼) 마음(생각)까지 크기를 거부하는 것을 '피터 팬 신드롬'이라고 말한단다. 어른이 되면 부모님으로부터 독립을 하고 자기 생활을 스스로 꾸려 가야 하는데 이 현실을 거부하는 거야. 현실 거부와 회피를 통해 부모님에게 더 의존하는 태도로 피터 팬 증후군이라고도 한단다.

너희들 『피터 팬』이라는 동화책을 읽어 봤니? 그 이야기를 다시 살펴보면, 어른이 된다는 것, 아이로 남고 싶어 하는 마음을 다시 한번 생각해 볼 수 있단다.

소쌤의 인문 특강

난 어린이가 좋아!

다음 동화를 읽고 피터가 왜 어른으로 성장하기를 거부하는지 생각해 보자꾸나.

런던에 살고 있는 삼 남매 웬디와 존, 마이클은 어느 날 밤 피터를 따라 날아서 멀리 여행을 떠난단다. 이들이 간 곳은 환상의 섬, 네버랜드! 네버랜드에서 피터와 아이들은 위험에도 빠지고, 무시무시한 후크 선장도 만나고, 인디언 공주를 구출하는 등 여러 모험을 신나게 즐긴단다. 그러나 세 아이들은 부모가 자신들을 잊을까 두려워 친구들을 데리고 집으로 돌아오지. 부모는 함께 온 피터를 입양하려 하지만 피터는 그곳에서 자라기를 거부하고 네버랜드로 돌아간단다. 세월이 흘러 웬디와 존과 마이클, 그리고 소년들은 어른이 되었지.

그러나 피터는 아직도, 여전히, 어린이로 남아 있단다.

> " 연우는 빨리 어른이 되고 싶은데 피터는 어른 되기를 거부했단다. 여러분이 어린이와 어른 중 선택할 수 있다면 누구를 선택하겠니? "

연우처럼 빨리 어른이 되고 싶어요. 왜냐하면?

....

....

....

피터처럼 계속 어린이로 남을 거예요. 왜냐하면?

....

....

....

성장의 의미

지하철을 타고 집에 갔어야 할 연우가 지하철 입구에 쪼그리고 앉아 있었어요. 손에는 여전히 놀이공원에서 받은 펭귄 풍선이 들려 있었어요.

"어? 아까 놀이공원에서 떼쓰던 아저씨다."

지나가던 아이가 연우를 알아보고 큰 소리로 말했어요.

"아는 척하지 말고 어서 가자. 저 사람, 자기만 아는 고약한 사람이야."

아이의 엄마가 황급히 아이 손을 잡아끌고 사라졌어요.

'치, 내가 어쨌다고 저러는 거야.'

연우는 아이 엄마의 뒷모습을 보며 구시렁거렸어요.

'그나저나 집엔 어떻게 가지?'

연우는 등에 메고 있던 배낭을 다시 열어 봤어요. 아침에 돼지 저금통에서 가져온 돈은 다 써 버리고 동전 몇 개만 남아 있었어요. 이 돈으론 지하철 표를 살 수 없다는 생각에 연우는 어찌해야 할지 몰랐어요. 이럴 줄 알았으면 집에 가는 차비는 남겨야 했다는 후회가 밀려왔어요.

'이럴 때 엄마가 있었으면 아무 걱정 없었을 텐데…….'

연우는 엄마가 보고 싶어 눈물이 났어요. 한참을 울고 났더니 피곤하고 배가 고팠어요. 하지만 돈이 없는 터라 집에 갈 수도 없고 아무것도 사 먹을 수도 없었어요.

그때 연우는 배낭 속에서 지난밤 악어 연못에서 받아 온 콩이 담긴 봉지를 발견했어요. 아침에 책상 위의 동전을 가방에 넣으면서 같이 들어간 것 같았어요.

'콩이라도 먹을까? 아니야, 콩을 어떻게 먹어.'

한참을 망설이던 연우는 배가 너무 고파 콩을 한 알 집어 입에 넣었어요. 그런데 이게 웬일이에요.

배가 고팠던 탓인지 그토록 먹기 싫었던 콩이 너무 맛있었어요. 연우는 봉지에 담긴 콩을 몽땅 먹어 치웠어요. 배가 든든해지니 기운이 나는 것 같았어요.

"아이고, 다리야. 그런데 넌 여기서 뭐 하고 있니?"

불쑥 나타난 키 재기 기린이 연우 옆으로 다가왔어요.

"어, 네가 어떻게 여기에 있는 거야? 분명 아침에 버렸는데."

깜짝 놀란 연우는 키 재기 기린에게 미안한 마음이 들었어요.

"난 오늘 롤러코스터 앞에서 키를 재고 있었어. 우리 키 재기 기린들은 키를 재는 곳이라면 어디든 가야 해. 그게 우리 일이거든."

"너희들도 일하는 거야?"

연우는 놀란 표정으로 키 재기 기린을 쳐다봤어요.

"그럼, 우리도 할 일을 해야 이 세상에서 살 수 있으니까."

키 재기 기린도 왠지 연우처럼 피곤해 보였어요.

"어른이 되니까 좋아?"

키 재기 기린이 연우를 보고 물었어요. 연우는 뭐라고 대답해야 할지 몰랐어요.

어른이 되면 뭐든지 마음대로 할 수 있을 거로 생각했지만 그렇지 않았거든요.

"어른이 되면 내가 하고 싶은 대로 하면 되는 줄 알았는데 그렇게 하니까 모두 날 싫어하는 것 같아. 돈을 내야 하고, 줄도 서야 하고, 예의를 지켜야 하는 건가 봐."

연우는 시무룩한 표정을 지었어요.

"왜 악어가 사과와 콩을 같이 먹으라고 한 걸까?"

키 재기 기린은 슬며시 미소를 지었어요.

"사람이나 동물들은 시간이 흐르면서 성장을 하는 거야."

"성장을 하면 어른이 되는 거지?"

연우는 키 재기 기린을 빤히 쳐다봤어요.

"꼭 그렇진 않아. **몸이 자라는 만큼 마음도 함께 자라나는 게 성장이야.** 그렇게 성장을 해야 진짜 어른이 될 수 있어. 그렇지 않고 키만 자라서 어른 흉내를 낸다면 누구도 그 사람을 어른이라 생각지 않거든."

연우는 오늘 일을 곰곰이 생각해 봤어요. 몸은 아빠처럼 커졌지만, 연우의 생각은 여전히 어린이였다는 생각이 들었어요.

　아침에 버스를 타면서 요금을 내야 한다는 생각을 못 했고, 지하철역에선 놀이공원 가는 방법을 알지 못했어요. 노약자석을 자기 자리인 양 차지하고 있었던 일, 순서를 무시하고 롤러코스터를 탄 일, 풍선을 달라고 떼쓴 일이 창피하게 느껴졌어요.

　콩을 먹은 연우의 마음이 자라고 있었어요.

"나 지금 너무 창피해."

"괜찮아. 지금이라도 그것을 알게 됐다는 건 네 마음이 자라고 있다는 증거일 거야."

키 재기 기린은 기다란 목으로 연우를 감싸 주었어요.

"나 이제 어른 그만할래. 몸만 자라서 어른처럼 행동한다고 좋은 게 아닌 것 같아. 키가 천천히 자라는 것처럼 많은 경험을 통해 마음도 천천히 자랐으면 좋겠어."

그때 어른이 된 것이 후회될 때 열어 보라던 주머니가 생각났어요. 가방을 뒤져 봤지만 집에 두고 왔는지 가방 속엔 주머니가 없었어요.

"집으로 가자."

연우가 키 재기 기린의 다리를 잡고 일어났어요. 기린을 잡느라 손에 들려 있던 펭귄 풍선이 하늘 높이 날아갔어요.

차비가 없었기 때문에 연우와 키 재기 기린은 오랫동안 걸어서 집으로 갔어요. 연우가 앞장서 이정표를 살피며 키 재기 기린을 안내했어요.

새벽이 되어서야 집에 도착한 연우는 책상 위에 놓인 주머니를 발견했어요.

"여기 뭐가 들었을까?"

키 재기 기린도 안에 뭐가 들었는지 모르는 듯 궁금해했어요. 조심스레 주머니를 열자 주머니 안에는 콩 한 알과 사과 씨앗 한 개가 들어 있었어요.

"이게 뭐지?"

연우는 주머니에 들어 있는 씨앗이 무엇을 의미하는지 알 수 없었어요.

"저걸 심어 볼까? 씨앗은 싹을 틔우라고 있는 것 아니겠어."

연우는 키 재기 기린의 말을 듣고 화분에 콩과 사과 씨앗을 심었어요. 물을 듬뿍 뿌려 주자 화분에서 꿈틀거리며 새싹이 돋아났어요.

"이걸 악어에게 가져다주자. 악어가 왜 이 씨앗을 줬는지 알 것 같아."

연우는 뭔가 알아낸 듯 씩 하고 미소를 지었어요.

키 재기 기린이 냉장고 앞에서 버튼을 누르자 또다시 롤러코스터를 탄 것처럼 냉장고 속으로 빨려 들어갔어요. 연우는 화분에 자란 새싹이 다치지 않을까 걱정되어 온몸으로 감쌌어요.

다시 초원으로 돌아간 키 재기 기린과 연우는 악어 연못을 찾아갔어요.

여전히 악어는 입을 쩍 벌리고 이빨 자랑을 하고 있었지요. 악어새가 부지런히 악어 입속을 드나들며 청소하고 있었어요.

"너희가 여길 왜 또 온 거야? 어른이 된 것이 후회돼서 다시 온 거야?"

"네. 전 좀 더 천천히 어른이 되어도 될 것 같아요."

연우는 악어에게 다가가 새싹이 자란 화분을 내밀었어요.

"하하하. 그 주머니를 열어 봤구나."

연우는 웃으며 고개를 끄덕였어요.

"그 주머니는 사과와 콩을 먹고 어른이 된 사람들이 최소한 지켜야 할 책임감이란다. 네가 먹은 사과와 콩을 다른 사람에게도

나눠 줘야 할 너의 숙제이기도 하고."

"저도 알아요."

연우는 악어를 보고 빙긋 웃었어요.

"성장이란 단순히 키가 크고 몸집이 커지는 걸 의미하는 게 아니란다. 어른이 되는 건 자기가 한 일을 책임질 수 있는 걸 의미해. 그러기 위해선 많은 것을 보고 듣고 느끼면서 경험을 얻어야 해. 그런 경험들은 보이지 않는 마음을 무럭무럭 키운단다. 결국,

커진 몸에 잘 자란 마음이 담기면 훌륭한 어른이 되는 거지."

연우와 키 재기 기린은 악어의 말을 들으며 계속 고개를 끄덕였어요.

"내 입속을 드나드는 악어새가 보이니?"

악어새는 여전히 악어 입속을 들락거리고 있었어요.

"악어새가 날 믿지 못한다면 이렇게 입속을 드나들지 못할 거야. 어린이가 어른을 따르고 의지하는 건 믿음이 있기 때문이란다. 어른은 어린이에게 믿음을 줄 수 있어야 해. 너도 그런 어른처럼 잘 자랄 거야."

연우는 키 재기 기린과 연못 가운데로 가서 사과와 콩의 새싹을 잘 심었어요.

"잘 자라서 또 다른 누군가를 훌륭한 어른으로 만들어 줘."

연우는 흙을 돋우며 새싹에게 인사를 했어요.

잠에서 깬 연우는 벽에 붙어 있는 키 재기 기린과 눈이 마주쳤어요. 연우가 미소를 짓자 키 재기 기린도 연우를 따라 웃는 것 같았어요. 연우는 키 재기 기린을 잘 떼어 책가방에 넣었어요. 더 이상 키를 재지 않아도 될 것 같았거든요.

"난 콩밥 싫단 말이야."

주방에서 아빠가 밥투정하는 소리가 들렸어요.

"당신이 이렇게 편식하니까 연우도 따라 하잖아."

엄마가 팔짱을 끼고 아빠를 쳐다 봤어요.

"아빠, 콩을 안 먹으면 마음이 자라지 않아요."

주방으로 나온 연우가 알 수 없는 말을 하더니 자기 자리에 앉아 아무 일 없는 듯 콩밥을 맛나게 먹었어요. 콩밥을 먹는 연우를 본 엄마와 아빠의 눈이 휘둥그레졌어요.

오늘은 연우가 그토록 기다리던 동은이가 드디어 학교에 오는 날이에요. 오랜만에 학교에 나오는 동은이가 어떻게 변했는지 궁금했어요. 오랜만에 돌아온 동은이는 전보다 훨씬 씩씩해지긴 했지만, 여전히 연우보다 키가 작았어요.

"동은이도 다시 왔으니까 우리 자리를 좀 바꿀까? 모두 일어나 키 순서대로 서 보자."

교실 한가운데 키순으로 줄을 서기 시작했어요. 연우는 당연히 동은이 다음에 서야겠다고 생각을 했는데 선생님이 고개를 갸웃거렸어요.

"연우가 그동안 키가 많이 자랐네. 뒤쪽에 있는 도연이 뒤에 가서 서 볼까?"

연우는 선생님 말씀대로 도연이 뒤에 가서 줄을 섰어요.

"그래, 거기 서면 되겠다."

연우가 다섯 번째 자리에 줄을 섰어요. 너무나 기분이 좋아서 당장 집으로 달려가 엄마에게 자랑하고 싶었어요.

자리를 다시 바꾸고 쉬는 시간이 되었을 때 동은이가 연우에게 왔어요.

"연우야, 너 그동안 키가 많이 컸네. 난 그대로인데······. 무슨 비법이라도 있는 거 아냐?"

"비법이 있긴 하지."

"비법? 정말 그런 게 있다고?"

동은이가 귀를 쫑긋 세우며 연우에게 물었어요.

"당연하지. 알려 줄까? 첫 번째, 5대 영양소를 잘 먹고 잠을 많이 잘 것."

"야! 그건 누구나 아는 사실이지!"

동은이가 피식 웃으며 연우에게 말했어요.

"그리고 이거!"

연우는 가방 속에 접어 둔 키 재기 기린을 동은이에게 불쑥 내밀었어요.

"이게 뭔데?"

"너 주려고 가져온 선물이야. 벽에 붙여 놓는 키 재기 기린인데, 이게 진짜 키 크는 비법이야."

"이 키 재기 기린이 비법이라고?"

동은이는 믿을 수 없다는 듯 실눈을 뜨고 연우에게 말했어요.

"응, 이 기린을 벽에 붙여 두고 날마다 키를 재고 나면 어느 날 키가 커 있을 거야."

연우는 말하고 나서 동은이 귀에 대고 아주 작은 소리로 속삭였어요.

"저 녀석을 굶겨야 해, 그래야 네 키가 커져. 명심해. 기린보다 네가 더 많이 먹어야 해."

지금은 동은이가 고개를 갸우뚱하지만 언젠가 연우의 말뜻을 알게 되겠죠?

연우는 그토록 고대하던 롤러코스터를 타러 엄마 아빠와 함께 놀이공원에 갔어요.

"자, 어린이들은 110센티가 안 되면 탈 수 없으니까, 이쪽으로 와서 키를 먼저 재 주세요."

연우는 당당히 키를 재러 갔다가 깜짝 놀라고 말았어요. 동은이에게 준 키 재기 기린이 그곳에서 입을 헤 벌리고 웃으며 키를 재고 있는 것이 아니겠어요? 어리둥절한 연우와 눈이 마주쳤을 때 기린이 찡긋하며 윙크했어요.

만일 나라면?

소원이 '어린이 되기'라는 말은 안 맞아요. 왜냐하면 어른이 된 다음에는 절대로 어린이가 될 수가 없어요.

뭉치, 제법인걸! '어른 되기', '어린이 되기'라는 말은 '크기'의 문제는 아니지. 몸의 크기로 어른, 어린이로 나누는 것은 반쪽만 보는 거란다.

나머지 반쪽은 마음(생각)이라는 말인데 마음(생각)을 볼 수 없으니…….

마음(생각)을 볼 수는 없어도 마음(생각)이 드러난 행동은 우리가 볼 수 있잖니.

놀이공원에 가서 너무 좋아하는 놀이 기구를 타려고 줄을 서서 기다리는데 연우처럼 중간에 새치기를 하는 사람을 만났다고 해 보자. 이때 여러분은 어떤 행동을 할 것 같니?

이렇게 행동할 것이다 :

그렇게 생각한 이유는 무엇인지 말해 보렴.

행동으로 생각의 크기 알아보기

다음 연우의 말과 행동을 잘 살펴보고, 마음(생각)의 크기를 알아보아요.

지하철을 탄 연우는 사람들을 밀치고 노약자석으로 갔어요.

**연우 생각의 크기가
(크다, 작다)**

"내놔, 내놓으라고! 펭귄 풍선 갖고 싶단 말이야."

**연우 생각의 크기가
(크다, 작다)**

"어른이 되면 내가 하고 싶은 대로 하면 되는 줄 알았는데 그렇게 하니까 모두 날 싫어하는 것 같아. 돈을 내야 하고, 줄을 서야 하고, 예의를 지켜야 하는 건가 봐."

연우 생각의 크기가 (크다, 작다)

연우가 여러분의 친구라면, 이런 행동을 하는 것에 대해서 어떤 말을 해 주고 싶나요?

연우야!

200만 부 판매 돌파!

AI시대 미래 토론

✓ 뭉치북스가 만든 국내 최초 토론책!   ✓ 초등 국어
✓ 한국디베이트협회와 교

01	함께 사는 로봇
02	원시인도 모르는 공룡
03	더 멀리 더 높이 더 빨리 스포츠 과학
04	까만 우주 속 작은 별
05	노벨도 깜짝 놀란 노벨상
06	지켜라 멸종 위기의 동식물
07	도로시의 과학 수사대
08	살아 있는 백두산
09	콜록콜록! 오늘의 황사 뉴스
10	잇 이런 발명가, 왜 저런 발명품
11	아낌없이 밝아지는 에너지
12	과학 Cook! 문화 Cook! 음식의 세계
13	과학을 훔친 수상한 영화관
14	끝없이 진화하는 무서운 전염병
15	지구 온난화와 탄소배출권
16	먹을까? 말까? 먹거리 X파일
17	우리 몸을 흐르는 피와 혈액형
18	진짜? 가짜? 가상현실과 증강현실
19	두근두근 신비한 우리 몸속 탐험
20	우리를 위협하는 자연재해
21	봄? 가을? 경계가 모호해지는 사계절
22	세균과 바이러스 꼼짝 마! 악과 백신
23	생태계의 파괴자? 외래 동식물
24	콸콸콸~ STOP!!! 우리나라도 위험해요, 소중한 물
25	오늘도 나쁨! 작아서 더 무서운 미세먼지
26	식량 위기에서 인류를 구할 미래 식량
27	썩지 않는 플라스틱! 지구와 인간을 병들게 하는 환경 호르몬
28	나와 똑같은 또 다른 나, 인간 복제
29	미래의 디지털 첨단 의료
30	땅속 보물을 찾아라! 지하자원과 희토류
31	농사일부터 우주 탐사까지, 미래는 드론 시대
32	알쏭달쏭 미지의 세계, 뇌
33	얼마나 작아질까? 어디까지 발달할까? 나노 기술과 첨단 세계
34	찾아라! 생명체가 살 수 있는 또 다른 별, 제2의 지구
35	배울수록 더 강해지는 인공 지능
36	창조론이냐? 진화론이냐? 다윈이 들려주는 진짜진짜 진화론
37	모두모두 소중한 생명! 멈춰요 동물 실험
38	유해할까? 유용할까? 생활 속 화학 물질
39	46억 년의 비밀, 생명을 살리는 지구
40	과학자가 가져야 할 덕목, 과학자 윤리와 책임

과학토론왕
과학토론왕 40권 + 독후활동지 40권
전 80종 / 정가 580,000원

사회토론왕
사회토론왕 40권 + 독후활동지 40권
전 80종 / 정가 580,000원

- 한우리 추천도서
- 경향신문 추천도서
- 경기도 초등토론 교육연구회 추천
- 경기도 지부 독서 골든벨 선정도서
- 환경정의 어린이 환경책 권장도서
- 한국 아동문학인협회 우수도서
- 학교도서관 사서협의회 추천도서

서 선정 도서! ✅ 활용 만점 독후 활동지 각 권 제공!
문가들이 강력 추천한 책!

01	우리 땅 독도
02	생활 속 24절기
03	세계를 담은 한글
04	정정당당 선거
05	우리의 유네스코 세계 유산
06	좋아? 나빠? 인터넷과 스마트폰
07	함께라서 좋아! 우리는 가족
08	한민족, 두 나라 여기는 한반도
09	너도 나도 똑같이 생명 존중
10	돈 나와라 뚝딱! 경제 이야기
11	시끌시끌 지구촌 민족 이야기
12	앗 조심해! 나를 지키는 안전 교과서
13	바람 잘 날 없는 지구촌 국제 분쟁
14	믿음과 분쟁의 역사 세계의 종교
15	인공 지능으로 알아보는 미래 유망 직업
16	지역 이기주의 님비 현상
17	더불어 사는 다문화 사회
18	함께 사는 세상 소중한 인권
19	세계를 사로잡은 문화 콘텐츠 한류
20	변치 않는 친구 반려동물
21	왕따는 안 돼! 우리는 소중한 친구
22	여자? 남자? 같은 것과 다른 것! 성과 양성평등
23	모두가 행복한 착한 초콜릿, 아름다운 공정 무역
24	
25	우리는 이웃사촌! 함께 사는 사회
26	틀린 게 아니라 다른 거라고? 글로벌 에티켓
27	신통방통 지혜가 담긴 우리의 세시 풍속과 전통 놀이
28	출발, 시간 여행 유네스코 세계 문화유산
29	아이는 줄고! 노인은 늘고! 달라지는 인구
30	우리는 하나! 세계로! 미래로! 통일 한국
31	레벨업? 셧다운? 슬기로운 게임 생활
32	벗어나요 게임 중독
33	살아 있어 행복해! 곁에 있어 고마워! 소중한 생명
34	나도 크리에이터! 시끌벅적 1인 미디어 세상
35	뚜아뚜이별의 법을 부활시켜라! 생활 속 법 이야기
36	하늘·땅·바다 어디서나 조심조심! 어린이를 위한 교통안전
37	함께 만들어요! 함께 누려요! 모두의 사회 복지
38	위아더월드, 도움의 손길이 필요해요, 세계 빈곤 아동
39	환경 덕후 오총사가 간다, 지켜라! 지구 환경
40	전쟁 NO! 평화 YES! 세계를 이끄는 힘, 국제기구
41	더 멀리, 더 빠르게! 미래 교통과 통신
42	알아야 척척, 똑똑한 미래 도시, 꿈의 스마트 시티

경기도 사서협의회 추천도서 | 한국교육문화원 추천도서 | 아침독서 추천도서

100만 부 판매 돌파!

수학이 쉬워지고, 명작보다 재미있는
뭉치수학왕

"인공지능(AI) 시대의 힘은 수학에서 나온다!"

개념 수학

〈수와 연산〉
1. 양치기 소년은 연산을 못한대
2. 견우와 직녀가 분수 때문에 싸웠대
3. 가우스, 동화 나라의 사라진 0을 찾아라
4. 가우스는 소수 대결로 마녀들을 물리쳤어
5. 앨런, 분수와 소수로 악당 히들러를 쫓아내라
6. 약수와 배수로 유령 선장을 이긴 15소년

〈도형〉
7. 헨젤과 그레텔은 도형이 너무 어려워
8. 오일러와 피노키오는 도형 춤 대회 1등을 했어
9. 오일러, 오즈의 입체도형 마법사를 찾아라
10. 유클리드, 플라톤의 진리를 찾아 도형 왕국을 구하라
11. 입체도형으로 수학왕이 된 앨리스

〈측정〉
12. 쉿! 신데렐라는 시계를 못 본대

13. 알쏭달쏭 알라딘은 단위가 헷갈려
14. 아르키는 어림하기로 걸리버 아저씨를 구했어
15. 원주율로 떠나는 오디세우스의 수학 모험

〈규칙성〉
16. 떡갈수 할머니와 호랑이는 구구단을 몰라
17. 페르마, 수리수리 규칙을 찾아라
18. 피보나치, 수를 배열해 비밀의 방을 탈출하라
19. 비례배분으로 보물섬을 발견한 해적 실버

〈자료와 가능성〉
20. 아기 염소는 경우의 수로 늑대를 이겼어
21. 파스칼은 통계 정리로 나쁜 왕을 혼내 줬어
22. 로미오와 줄리엣이 첫눈에 반할 확률은?

〈문장제〉
23. 개념 수학-백점 맞는 수학 문장제①
24. 개념 수학-백점 맞는 수학 문장제②
25. 개념 수학-백점 맞는 수학 문장제③

융합 수학

26. 쌍둥이 건물 속 대칭축을 찾아라(건축)
27. 열차와 배에서 배수와 약수를 찾아라(교통)
28. 스포츠 속 황금 각도를 찾아라(스포츠)
29. 옷과 음식에도 단위의 비밀이 있다고?(음식과 패션)
30. 꽃잎의 개수에 담긴 수열의 비밀(자연)

창의 사고 수학

31. 퍼즐탐정 셜링홈즈①-외계인 스콜피오스의 음모
32. 퍼즐탐정 셜링홈즈②-315일간의 우주여행
33. 퍼즐탐정 셜링홈즈③-두쭉박죽 백설 공주 구출 작전
34. 퍼즐탐정 셜링홈즈④-'지지리 마란드러' 방학 숙제 대작전
35. 퍼즐탐정 셜링홈즈⑤-수학자 '더하길 모텔'와 한판 승부

36. 퍼즐탐정 셜링홈즈⑥-설국언차 기관사 '어러도 달리능기라'
37. 퍼즐탐정 셜링홈즈⑦-해설 및 정답

수학 개념 사전

38. 수학 개념 사전①-수와 연산
39. 수학 개념 사전②-도형
40. 수학 개념 사전③-측정·규칙성·자료와 가능성

독후 활동지

본책 40권+독후 활동지 7권
정가 580,000원